Dieses Buch gehört:

Sei lieb zu diesem Buch!

MIX
Papier aus verantwortungsvollen Quellen
FSC® C106107

5 4 3 2 1   18 17 16 15 14

ISBN 978-3-649-60062-6

Printed in Italy

www.coppenrath.de

Verkleckst & Zugenäht

Der Osterhase und der Farbendieb

Eine Geschichte von Christa Wißkirchen
Mit Bildern von Christian Kämpf

COPPENRATH

Ein leichter Wind wehte über die Wiese, die Meisen riefen um die Wette ihr „Zizibe!“ und im Gras blühten schon die Schneeglöckchen. Im Osterhasenhaus ging das Fenster auf und eine braune Nase schnupperte in die Luft.

„Es riecht nach Frühling!“, rief der Osterhase und rieb sich vergnügt die Pfoten. „Übermorgen ist Ostern, da müssen alle Eier bunt bemalt sein. Heute gehe ich an die Arbeit.“

Er holte den Malkittel aus dem Schrank, öffnete die Schublade mit den blitzsauberen Pinseln und rief: „Raus mit euch, ihr Faulpelze, es geht los!“

Hui! Das ließen sich die Pinsel nicht zweimal sagen und sprangen fast wie von selbst aus der Schublade.

„Das Wetter ist so schön“, überlegte der Osterhase und blinzelte in die Sonne. „Ich glaube, wir arbeiten einfach draußen auf der Wiese.“

Er holte den langen Maltisch aus dem Schuppen, schleppte die Farbtöpfe herbei und baute alles ordentlich auf.
„So", sagte er, „jetzt fehlen nur noch die Eier. Ich fahre eben zum Hühnerhof und hole sie ab. Seid schön brav, ihr Pinsel, ich bin bald wieder da."

Auf dem Hühnerhof war ein solches Gegacker und Geflatter, dass der Osterhase laut rufen musste, sonst hätte ihn die Bäuerin gar nicht gehört.
„Hallo, guten Tag!“, rief er. „Ich möchte die bestellten Eier abholen. Sind es auch genug?“
„O ja“, antwortete die Bäuerin, „unsere Hennen haben fleißig gelegt. Hier stehen die Eier schon. Warte, ich helfe dir beim Aufladen. Wir müssen schön vorsichtig sein, damit keins kaputtgeht.“
Der Osterhase bekam noch ein paar schöne Federn geschenkt und ein extradickes Gänseei, dann machte er sich langsam mit der vollgepackten Eierkarre auf den Rückweg.

Uff! Der Osterhase musste erst einmal verschnaufen, als er mit seiner schweren Ladung zu Hause ankam. Dann pfiff er ein Liedchen, zog den Malkittel an und ... aber Moment mal! Der Osterhase rieb sich die Augen.

„Wo ... wo ... sind denn meine Farbtöpfe?“, stotterte er erschrocken. „Die habe ich doch vorhin alle auf den Tisch gestellt!“

Er ging ums Haus, er suchte im Schuppen – da waren sie nicht.

Er suchte hinterm Komposthaufen
und im Möhrenbeet. Keine Spur
von seinen Farben!
Er durchstöberte das ganze
Haus, schaute unters Bett und
in den Vorratsschrank.

Zum Schluss suchte er sogar
im Hasenklo – doch die Farbtöpfe
blieben verschwunden.

„Verflixt!“, rief er. „Die können doch nicht weggelaufen sein. Hat sie etwa jemand geklaut? O weh, was mache ich denn nun? Wenn ich die Farben nicht finde, muss ich in die Stadt gehen und neue kaufen. Aber das ist viel zu weit, das schaffe ich gar nicht mehr rechtzeitig. Ostern ist ja schon in zwei Tagen!“
Er setzte sich ins Gras und ließ den Kopf hängen.

Da kam die Elster über die Wiese geflogen und setzte sich auf einen Ast.
„Was ist los, Osterhase? Du siehst ja so bekümmert aus“, rief sie.
„Ich wollte mit dem Eiermalen anfangen“, stöhnte der Osterhase. „Es wird höchste Zeit. Aber meine Farbtöpfe sind verschwunden, einfach weg. Hast du sie vielleicht gesehen?“
„Nein“, krächzte die Elster, „aber ich bin eben übers Forsthaus hinten am Waldrand geflogen. Da sah es irgendwie so bunt aus, viel bunter als sonst. Was es war, habe ich nicht genau gesehen. Ob das deine Farben sein könnten?“
„Ich gehe sofort nachschauen. Vielleicht finde ich sie dort!“, rief der Osterhase und rannte los.
Außer Atem kam er am Forsthaus an. Draußen an der Tür hingen bunte Luftballons, im Garten stand ein Tisch mit hübsch verpackten Geschenken und eine Schnur mit farbigen Laternen war zwischen zwei Bäume gespannt. Aus den offenen Fenstern hörte man Kinder lachen und rufen.
„Ach so“, dachte der Osterhase, „ganz klar, das ist eine Geburtstagsfeier! Aber meine Farbtöpfe sind hier nicht.“
Und er hoppelte weiter.

Zur grünen Wiese

Gerade wollte er vom Waldrand zur Wiese abbiegen, da blieb er überrascht stehen, denn dort, wo der Weg in den Wald führte, sah er Farbkleckse auf dem Boden: rote, gelbe, grüne und blaue.
„Nanu", murmelte er, „woher kommen die denn? Es sieht ja fast so aus, als wären meine Farbtöpfe hier entlangspaziert. Das kann doch nicht sein!"
Da hüpfte plötzlich ein Eichhörnchen mit blauem Schwanz an ihm vorbei.
„Hoppla, was war das?", dachte der Osterhase und schüttelte den Kopf. „Seit wann haben Eichhörnchen blaue Schwänze?"

Er ging weiter in den Wald hinein und schaute sich nach allen Seiten um.
Huch! Über ihm flatterten zwei Krähen, die hatten auf ihr schwarzes Federkleid ein rotes Hemd mit gelben Knöpfen gemalt.

„Hallo!“, rief der Osterhase. „Wo wollt ihr hin? Warum seht ihr so komisch aus?“ Aber da waren sie schon verschwunden.

Jetzt raschelte es hinter ihm im Laub. Der Osterhase drehte sich erschrocken um. War das zu glauben?

Da zockelte eine Schildkröte mit Blümchenmuster auf dem Rücken gemütlich über den Waldboden. Und jetzt hörte man aus der Ferne auch noch eine leise Musik.

„Was ist denn hier los?“, dachte der Osterhase. „Ist etwa der ganze Wald verzaubert?“

Auf einmal trippelten drei Mäuse mit leuchtend rosafarbenen Ohren und blauen Schürzen über den Weg. Sie hatten sich untergehakt und piepsten eine lustige Melodie.
Als sie den Osterhasen sahen, riefen sie: „Kommst du auch mit zum Schilfsee? Es geht gleich los!“
„Was geht los? Was ist am Schilfsee? Ich verstehe gar nichts“, sagte der Osterhase verwirrt.
„Hast du nichts von dem großen Fest gehört?“, kicherten die Mäuse. „Herr und Frau Wildgans feiern den Frühlingsanfang. Alle Tiere sind eingeladen und sollen so bunt wie möglich kommen. Du kannst dir ja beim Dachs noch schnell ein lustiges Kostüm malen lassen. Seine Höhle ist dort hinten an der großen Eiche. Tschüss, wir müssen uns beeilen.“
Und husch!, weg waren sie.

„Oh, oh, ich ahne etwas!" So schnell er konnte, rannte der Osterhase zur großen Eiche.
Da rief ihm der Dachs schon entgegen: „Guten Tag, Hase! Möchtest du dich auch verschönern für die große Party? Ich könnte dir eine karierte Weste malen."
„Da sind ja meine Farbtöpfe!", keuchte der Osterhase. „Wie kommen die hierher?"
„Oh", sagte der Dachs und kratzte sich verlegen hinterm Ohr. „Sie standen so allein auf der Wiese, und ich dachte, ich kann sie mir bestimmt ausleihen für das Fest."
„Aber du kannst sie doch nicht einfach mitnehmen", jammerte der Osterhase. „Damit will ich die Ostereier bemalen, und ich muss mich beeilen, sonst werde ich nicht fertig. Übermorgen ist Ostern und der Tag ist schon halb vorbei."
„Ja, das sehe ich ein", sagte der Dachs. „Verzeihung, Osterhase, daran habe ich nicht gedacht. Nimm die Farben wieder mit. Allerdings – unser Frühlingsfest wird nur halb so schön, wenn nicht alle Gäste bunt verkleidet kommen ..."

Heute Frühlingsfest
Party am Schilfsee
Hier Kostenloses Anmalen!

Zum Schilfsee

Im selben Augenblick kam eine Ente angeflattert.

„Oh, Dachs, die Party ist wundervoll, wir sind alle sooo lustig“, schnatterte sie. „Ich bin nur eben aus Versehen ins Wasser gerutscht, und da ist von meinem schönen lila Rüschenrock ein bisschen Farbe abgegangen. Kannst du mir die Stelle bitte nachmalen?“

Der Dachs schaute zweifelnd zum Osterhasen.

„Darf ich …?“, fragte er.

„Meinetwegen“, seufzte der Hase und kurz darauf schwirrte die Ente selig quakend wieder ab.

„Ich mache dir einen Vorschlag“, sagte jetzt der Dachs. „Heute schaffst du die Arbeit sowieso nicht mehr. Willst du dir nicht einen schönen Abend gönnen und mit uns feiern? Morgen früh beim ersten Sonnenstrahl kommen wir dann mit den Farben zu dir und helfen alle beim Eiermalen. Wie findest du die Idee?“

„Hm …“, meinte der Osterhase. „Eigentlich müsste ich dir böse sein. Aber wenn du mich so nett einlädst, kann ich gar nicht Nein sagen.“

Er zog sich schnell seinen Malerkittel aus und ließ sich vom Dachs ein getupftes Halstuch malen, dann gingen sie zusammen zum Schilfsee, wo schon die Musik spielte und viele Tiere versammelt waren.

Der Osterhase plauderte mit den anderen Gästen, sang Frühlingslieder und tanzte nacheinander mit allen drei Mäusen. Er war so vergnügt, dass er gar nicht mehr an Ostern dachte.

Als die Sonne am nächsten Morgen ihre ersten Strahlen durchs Fenster schickte und der Osterhase eben beim Frühstück saß, rief es von draußen: „Hallo, Osterhase, komm raus! Hier sind deine Helfer mit den Farbtöpfen, wir können anfangen!"
Die ganze Gesellschaft von gestern Abend war gekommen, um ihm beim Eiermalen zu helfen, und los ging es mit der Farbkleckserei.

Alle lachten, redeten, piepsten und gackerten durcheinander, und die Pinsel tanzten nur so über die Eier. Aber auch mit Pfoten, Schwanzspitzen, Schnäbeln und Schnurrbarthaaren kann man tolle Muster malen.
Schon nach wenigen Stunden waren alle Körbe voll und es waren wirklich die schönsten Ostereier der Welt. Ganz zum Schluss bemalte Frau Wildgans persönlich das extragroße Ei. Jetzt konnte das Osterfest kommen!

Ostermorgen! In der Ferne läuteten die Glocken, die Meisen riefen ihr „Zizibe!“ und die Kinder rannten in den Garten.
„Ich hab schon ein Ei!“, jubelte ein kleiner Junge.
„Ich auch!“, rief seine Schwester. „Und da hinten sehe ich ein ganzes Nest!“

Jetzt kamen auch die Eltern aus dem Haus. Und alle staunten über die besonderen Eier, die der Osterhase diesmal versteckt hatte.
„Guck mal, Papa, was für ein komisches Ei, da sind zwei Krähenfüße drauf!“
„Und hier! Das sieht aus wie kleine Pfotenabdrücke. Ist da etwa eine Maus drübergelaufen?“
So lustig bemalte Eier hatte es wirklich noch nie gegeben.

Hinter einem Busch versteckt schaute der Osterhase zu und nickte zufrieden.
„Das hat ja doch noch prima geklappt“, lachte er leise. Dann hoppelte er mit dem letzten Eierkorb schnell zu einem anderen Garten.